作者寄语

欣闻本书中译本的出版,诚挚感谢知识产权出版社诸敏刚先生及其优秀的团队。中华民族是学习能力非常强的民族,在未成年人保护领域,我相信,本书会启发更多的中国父母与孩子们对话,让更多的中国孩子学会辨识危险,保护自己。儿童防范性侵害教育,先从家庭伴读做起。

——玛努爱拉·迪罗尔夫

不！我不愿意！

[德] 玛努爱拉·迪罗尔夫 著

巩震 译 / 李茜 译校

知识产权出版社
全国百佳图书出版单位

图书在版编目（CIP）数据

不！我不愿意！/(德)玛努爱拉·迪罗尔夫著；巩震译；李茜译校.—北京：知识产权出版社，2017.5
ISBN 978-7-5130-4830-9

Ⅰ.①不… Ⅱ.①玛…②巩…③李… Ⅲ.①性犯罪–预防犯罪–少儿读物 Ⅳ.①D914.34-49

中国版本图书馆CIP数据核字(2017)第064092号

"NEIN！Ich will das nicht！"by Manuela Dirolf
©Verlag an der Ruhr 2013, Germany

责任编辑：陆彩云　卢媛媛　　　　责任出版：刘译文

不！我不愿意！
BU! WO BU YUANYI!

(德)玛努爱拉·迪罗尔夫 著　巩震 译　李茜 译校

出版发行：知识产权出版社 有限责任公司	网　址：http：// www.ipph.cn
电　话：010－82004826	http：//www.laichushu.com
社　址：北京市海淀区西外太平庄55号	邮　编：100081
责编电话：010－82000860转8597	责编邮箱：31964590@qq.com
发行电话：010－82000860转8101/8029	发行传真：010－82000893/82003279
印　刷：北京中献拓方科技发展有限公司	经　销：各大网上书店、新华书店及相关专业书店
开　本：720mm×1000mm　1/16	印　张：5.5
版　次：2017年5月第1版	印　次：2017年5月第1次印刷
字　数：65千字	定　价：38.00元
ISBN 978－7－5130－4830－9	
京权图字：01-2017-2197	

出版权专有　侵权必究
如有印装质量问题，本社负责调换。

目录

写在前面的话 4

没人可以碰我! 7

一个不打算嘘嘘的男人 15

小·范尼和小·巴雷 26

我不跟你走 38

一根奇怪的香蕉 46

隐身的男子 56

后记 75

自我保护的小·提示 76

作者简介 78

写在前面的话

亲爱的孩子：

此刻你捧在手上的是一本十分特别的书，又或许有位你信赖的人正要为你朗读它。

先让我做个简短的自我介绍。也许你会好奇，我为什么会写这本书？写这本书为什么对我如此重要？

因为它与我的工作相关！

但这里我要先卖个关子。

因为读到后面，你肯定能猜出我的工作是什么。

可惜呢，我既不是童话作家也不是小说家。我倒是更希望，本书里向你讲述的这些故事纯属虚构。可它们全部来自真实发生的事件，我只不过改动了一下当事人的名字，而了解他们并查明到底发生了什么，就是我的工作。

工作时我得把自己伪装起来！

你可能好奇，为什么我要把这些都记录下来呢？因为这也是我的工作啊！

这里，还有一个更小的提示：

工作中，大多数时候，我要和那些伤害孩子并试图掩盖其行为的人打交道。这些人有很多办法掩饰自己的行为，让别人难以察觉他们在干坏事。如果不这样掩饰，别人很快就会发现他们有不对劲的地方，那么，他们或许就无法得逞，也就不会发生这么多事件了。

很多孩子问我，这些人是不是强盗和小偷呀？毕竟有些强盗和小偷也会伪装。不过这些人的伪装，跟你们想的完全不一样。你肯定想到了一个蒙着面的坏人，对不对？

我提到的这些人，外表看上去和你我一样，非常普通。他们既没穿着特别的服装，通常看上去也并不令人害怕。这也是最大的问题。当我们意识到这个人怀有恶意的时候，常常已经太晚。因为大部分坏人看上去不仅不邪恶，甚至可能很友好。他们这样伪装自己，让我们很难辨认他们的内心是善良还是邪恶。

人不该盲目相信别人，但也无须对陌生人心怀恐惧，重要的是，训练我们的直觉，使它敏锐，让我们身处可疑情况时，能够判断什么是正常，什么又是反常。

"但可疑情况到底是怎样的场景？为什么我们要提防某些人？到底会发

生什么凶险的事情呢?"

你听说过"性侵"这个词吗？也许你会问："性侵究竟是什么?"我很乐意向你解答。在后面的每个小故事里，你会体验到其他孩子的遭遇，并了解到他们的哪些行为帮助他们成功避开了被性侵的危险。无须我一处一处指给你看，启动你自己的直觉，你很快就能感知到它。等你读完这本书，就会了解"性侵究竟是什么"了。

"那么，性侵孩子的这些坏人都干了些什么呢?"我会在后面的小故事中向你解释并让你看到，面对性侵和其他危险的情形，作为孩子，我们该怎样做才能正确地防御并保护好自己，以及倘若这样的事情再度发生在一个孩子身上，人们应该如何正确应对。

你的朋友：玛努爱拉

P.S. 你猜到我的职业了吗？(答案就藏在书里哦！)

没人可以碰我！

不！
我不愿意！

尼科已经8岁了，刚上小学2年级，性格内向，容易害羞，因此常被其他孩子嘲笑和捉弄。即使别的孩子惹恼他，他也压根儿不敢反抗，只是忍气吞声。尼科家附近有三个大男孩，他们总是故意激怒尼科，拿他寻开心。因为害怕遇到他们，尼科变得不喜欢去外面玩了。

尼科的爸爸妈妈常常提醒他，"如果他们再捉弄你，你就大声地明确地告诉他们：'离我远点！'"

可是尼科根本就不敢，事实上，他从没对别人大声说过话，更别说强势地表明自己的态度了。

尼科的妈妈为此也和三个大男孩的父母谈过，让他们管管自己的孩子，但并没什么用，这三个大男孩没有一丝的收敛！"如果尼科觉得我们欺负了他，他得自己来跟我们说！"其中一个男孩甚至这样说。

但尼科才没有那个胆量，他太害怕了。

"天，这我可干不了！"尼科琢磨着，"还是让妈妈帮我摆平这事儿吧。"

然而尼科的妈妈不可能在他每次出去玩时，都陪在他身边保护他。

再说，老让妈妈陪着，尼科自己也有点尴尬，他并不愿意一天到晚总在妈妈的眼皮子底下待着，"我也不是小孩了。" 尼科想。

一天，尼科从学校带回一封写给家长的信，信里通知所有家长，学校要开设一个"自我表达"的课程。

"这对尼科是一个绝好的机会，他一定会玩得非常开心。"晚上，尼科的妈妈对尼科的爸爸说，"比起我们的唠叨，说不定他更愿意接受别人的建议呢。"

果真如此！在这门课上，尼科玩得开心极了。他认识了很多别的小朋友，他们的感受和困惑与尼科如此相像。和他们一起，尼科做了很多演练,比如直视对方充满敌意的眼睛,笔直地站立并向对方大声喊话。这样的演练对尼科来说一点都不轻松,但和其他孩子一起,让他放松下来,甚至有些快乐。尼科清楚地认识到,要做到对别人大声喊话,可不仅仅是提高嗓门这么简单。

他们一起演练,很大声地喊:"请离我远点!"而对不认识的人则喊:"请你离我远点!"

短短一会儿的时间,尼科已经可以独自一个人大声喊话了,甚至不用小伙伴在身旁助威。

他找到了勇气。

"这可真奇怪,"尼科想,"我从没想到,我还能这样大声叫喊!"

像"不,我不要"这类喊叫,是尼科觉得最棒的练习,他从中感受到自己的意志,体验到自己也可以做主。不过他也明白,像晚上不想上床睡觉而被妈妈催促这类情况,是不可以冲妈妈这样喊叫的。

他认识到,人在紧急情况下就应该大声呼叫。在紧急情况下,人究竟会经历些什么呢?尼科不免好奇,又觉得刺激。

之后的一个周末,爸爸带尼科去游泳池。尼科很喜欢和爸爸一起去游泳池,在那里他可以放开了,尽情玩。

他俩先在儿童浅水池玩耍嬉闹,后来又打赌比赛,看谁游得更快,

没人可以碰我!

最后还一起从很炫的水上滑梯上冲下来。他们玩得很开心,尼科笑得肚子都疼了。肚子这么疼,无论如何他得赶紧去趟洗手间。

"爸爸,我得去趟洗手间。"尼科说。

"你知道洗手间在哪,尼科。我在这儿等你,还是你更希望我和你一起去?"爸爸问。

"不用,爸爸。"尼科回道,"我都这么大了,能自己一人去洗手间,我去去就回!"

说完,他快速地跑去洗手间。

洗完手,尼科正要往门外走时,进来一个年轻男人。这时的洗手间内,除了他俩没有别人。

出乎意料,这个年轻男人突然把手伸向尼科的泳裤,摸了一把他的小鸡鸡。

尼科被性侵了。

尼科惊呆了。

"没人可以碰我的小鸡鸡。"尼科很快清醒过来。

接下来发生的事情,这个年轻男人可没料到。

请离我远点！

我不要！

尼科放声大喊:"请离我远点!我不要!"

听到尼科的喊叫,年轻男人吓坏了,立刻逃跑了,他的落荒而逃和他出手性侵尼科一样突然。按理说为了不被人认出,他本该跑到游泳池外面的,但这个年轻男人惊慌之下,竟然逃进旁边的一个洗手间隔间,还慌慌忙忙插上插销。他试图到隔间里面躲起来。他心里清楚,自己对尼科那么做是违法的。他吓得不轻,因为他没想到尼科会竭力喊叫。

过去被他性侵的那些男孩们老实巴交,大多不敢声张,他曾对此暗暗惊讶。今天遇到尼科这样的反应,完全出乎他的意料。

"真没想到,这小男生敢大声喊叫!他明明看起来胆子很小,就是一个小屁孩啊!"隔间内的年轻男人焦虑着。

年轻男人怕得要命。他当然怕尼科的父亲、泳池救生员还有警察,但这种恐惧还来自别处,是一种不同寻常的害怕,否则他不会惊慌失措,蠢到把自己反锁在隔间里。

他怕尼科!

因为尼科的强大。尼科的内心深处拥有强大的力量!尼科很勇敢!

泳池救生员第一个冲进来,紧随其后的是尼科的爸爸。

13

没人可以碰我！

年轻男人躲进隔间，没法再逃开，尼科把他藏身的隔间指给救生员看。

救生员守在隔间门前，询问尼科事情经过，然后打电话向警察报案，接下来尼科同爸爸还有救生员一道，等待警察的到来。

"我保护了我自己，爸爸！我！我刚才还大声喊叫了呢！"尼科很激动，向爸爸描述着刚才发生的一切。

尼科的爸爸为儿子感到骄傲，尼科做到了自我表达和自我防卫。而尼科同样为自己骄傲，因为他帮助警察抓住了那个性侵惯犯。

游泳池风波后，尼科重新喜欢上去外面玩，尽管他还会碰到附近那三个大男孩。

换句话说，现在，那三个男孩终于不再找尼科的麻烦。他们开始尊重尼科，他们都听说了，在那次风波中，尼科非常勇敢地保护了自己。别人还告诉他们，尼科不仅受到他爸爸妈妈和泳池救生员的夸赞，连警察也表扬了尼科的勇敢和果断。

一个不打算嘘嘘的男人

安娜和尤丽娅是一对非常要好的小姐妹，她俩在同一所幼儿园上学。

一个阳光明媚的春日，幼儿园还没放学，两个小姑娘就商量好，中午要在安娜家集合，然后一起去游乐场玩。

游乐场离安娜家不远，爸爸妈妈都同意没有大人陪同时，她俩也可以结伴一起去。安娜和尤丽娅都是让爸爸妈妈放心的孩子，每一次出去玩，她们会提前和家里大人打招呼，到点就按时回家。

游乐场里，安娜和尤丽娅正荡着秋千，无意中察觉到，有个男人坐在沙盘旁的长椅上，正盯着她们看。

这个男人看起来倒也和善，当他看到两个小女孩向他张望时，就冲她们微笑起来。安娜和尤丽娅也就微笑回应。

"你认得这个人？"尤丽娅转头问她的好朋友。

一个不打算 嘘嘘的男人

安娜摇摇头，"不，我不认识他。"

"这人大概是陪孙子来玩的吧？"安娜猜，"他看上去快和我外公一样老了！对了，你爷爷也和我外公一样和蔼可亲吗？"

尤丽娅点点头，不由想到爷爷以前常常带她来游乐场玩。

然而小女孩们发现，游乐场里并没有其他人，这个男人不是陪自家孩子来的。这时，男人站起身，径直朝她们走来。从刚才到现在，他一直笑眯眯地盯着两个小女孩看，这会儿干脆坐在了秋千对面的草地上。

"这就奇怪了。"尤丽娅想。她说不出来为什么，但心中感觉忐忑不安。

安娜呢，她更希望这个男人走开，离她们远点，"既然他一直对我们微笑，应该是个友好、善良的人。"安娜这么想。

男人仍然笑眯眯地。

安娜和尤丽娅不由好奇起来。这人坐在草地上要干什么呢？只见这男人突然拉开裤子的拉链，好像要掏出什么东西来。

刚开始她俩浑然不知。他想拿出什么呢？安娜和尤丽娅不由睁大眼睛盯着，紧张又好奇。接下来会发生什么？说不定他会给小女孩们变一个小戏法？

一个不打算嘘嘘的男人

她俩好奇极了。

然而发生的事并不在她们的预料中,她们完全吓懵了。那个男人掏出了他尿尿的家伙!

安娜和尤丽娅在惊慌中面面相觑。

"或许他只是想尿尿,"安娜试图安慰自己,别那么大惊小怪,没准尤丽娅会笑话她,可有那么一丝小小的不安从安娜心底升起。

"如果是尿尿,为什么他不躲在树后面或者灌木丛里?"尤丽娅想,"我尿尿时也不会给别人看我的屁屁呀!"

这么一来,安娜和尤丽娅已经没有了荡秋千的兴致。那个男人的露阴行为,让她们觉得很恶心。而且他用手把弄小鸡鸡的样子实在古怪,不只是像要尿尿,还来回摩擦。这一幕看上去愚蠢透顶,令她们感到害臊,只想赶快转移视线。

她们决定离开这里,以最快的速度跑回家。

这时,那男人竟冲她们笑了笑,竖起食指,靠着嘴边发出"嘘……嘘"的声音。

安娜和尤丽娅飞快地跑回家,路上她俩约好,跟谁也不要提游乐场里那个男人的事。

这是她们的秘密。

安娜到家时已是上气不接下气，妈妈不禁问她："究竟发生了什么，我的宝贝儿？你为什么气喘吁吁的？"

"我和尤丽娅比赛跑步来着！看谁先到家！"安娜敷衍着，回到了自己的房间。

她满脸通红，但不仅仅因为跑步。

"真奇怪，"安娜的妈妈想，"她平时可不这样！"

与此同时，尤丽娅的妈妈也在纳闷，尤丽娅为何这般急匆匆地提前回了家。尤丽娅编不出一个好理由，她答不上来，干脆什么都不说。

"这是安娜和我之间的秘密，"尤丽娅想，"我可不能泄露这个秘密！嗯，或许，我还是可以透露一点的？"

吃晚饭时，安娜和尤丽娅一点胃口都没有。夜晚，她俩躺在各自的小床上，仍然无法平复心情，很难入睡，脑海里总会浮现出游乐场那个老男人古怪的样子。

"等我明早醒来的时候，就会把这一切忘得光光的。"尤丽娅这么想着，数起了小羊，直到入睡。

一个不打算嘘嘘的男人

此时的安娜也告诉自己:"只要睡上一觉,我就会把这一切忘掉。"可这一切没那么简单,她做了个噩梦。

两位妈妈都感觉到,女儿有些不对劲。安娜的妈妈看在眼里,忧在心上。尤丽娅的妈妈也是如此。"我的小不点儿到底发生了什么?"安娜的妈妈暗暗思忖。她和尤丽娅的妈妈一直相处得很融洽,她决定先给尤丽娅的妈妈打个电话,跟她聊聊天,顺便提下安娜今天的变化和她的担心。就这样,两位母亲聊起了今天的跑步比赛,她俩都确信,两个小女孩在经历这一天后,同时都变得蹊跷起来,这绝对不是个巧合。

第二天一早,安娜醒来时,她想到的头一件事,还是那个游乐场的男人。尤丽娅的情况也好不到哪去。早餐时,两个小女孩一口也咽不下,心中像压着一块大石头。

"到底怎么了,安娜?"妈妈问,"从昨天中午起你就像变了个人似的,难道你不想和我聊聊吗?"

安娜不敢讲,她心想,"要是我告诉了妈妈游乐场的事,妈妈肯定不会再同意我们独自去那儿玩,说不定再也不许我去那儿玩了。"

她没有告诉妈妈真相,"如果妈妈发现我撒谎,说不定她会狠狠地责骂我一顿。但她绝对不可能那么巧也碰上那个男人！"安娜这样想。

此时的尤丽娅也在犹豫，"我该怎么开口和妈妈说这件事呢？这件事讲起来真的很恶心，如果告诉了妈妈，她一定会又急又尴尬，我可不想吓到她。再说妈妈从来没有和我聊过这样的事儿，还是算了。对妈妈，我无论如何也不能说！"

安娜在幼儿园里一点儿玩的兴致也没有。她沉默无语地坐在一个角落里，脑海中不断闪过昨天发生的事。尤丽娅也不像平常那样开心。

一个不打算嘘嘘的男人

看到两个小女孩都变得小心翼翼，怯声怯气，幼儿园老师佛朗琪斯卡便上前询问她俩哪里不舒服。她俩只是紧紧地依偎在一起，但她们的眼神却透露，她们此刻感觉很不好。佛朗琪斯卡老师见状，关切地揽住她俩，又询问了一遍。

尤丽娅终于提了一句："在游乐场有个男人！昨天！干了些奇怪的事儿！"她不敢再说更多。

老师预料到了事情的严重性，她通知了两个小女孩的妈妈。

安娜和尤丽娅的妈妈马上赶来幼儿园，当她们把女儿紧紧搂在怀里安慰时，两个小姑娘这才哭出了声。眼泪和妈妈的拥抱让压在她们心头的那块石头一点点融化掉了。

然而安娜和尤丽娅还是没能说清楚到底发生了什么，她们也不想让妈妈们惊慌。

这时，佛朗琪斯卡老师想到了一个好办法，她鼓励两个小姑娘："前几天有个女警察来过幼儿园，她给我们学前班的孩子们讲过防范性侵害的知识。我可以打电话联系她，你们愿意和她聊一聊吗？"

安娜和尤丽娅知道这个女警察，"她的课讲得生动又有趣。"尤丽娅想到这里觉得很轻松，安娜也如释重负，放下心来。"没错，这个女警

23

一个不打算嘘嘘的男人

察应该是最适合聊这件事的人。她当然不会害怕那个男人!"安娜这么想,点了点头。

一接到电话,女警察马上就赶到了幼儿园。现在,这两个小女孩可以告诉她那个游乐场男人的事了。

"再见到那个男人的话,你们还能认得他吗?"女警察问。

"当然,绝对认得出来!"安娜和尤丽娅同时回答道。

女警察继续问:"你们觉得,你们有足够的勇气,带我们再去一次游乐场吗?说不定那个男人又去了那里。"

两个小女孩你看看我,我看看你,然后一起点头。尤丽娅鼓起勇气说:"我们当然有勇气!"

有女警察在身边陪同,两个小女孩觉得庆幸又轻松。

果然,那个男人又回到了那里!

"他就在那儿!"远远地看到那个男人又坐在长椅上,尤丽娅马上叫了起来。安娜也认出了他。

当女警察和她的同事一点点接近他的时候,这个男人可是一点也没觉察出来。他还以为,不过是一对普通情侣在散步。因为这两个警察经过乔装打扮,看起来和普通人并没什么区别。也就是说,他们根本没穿警察制服。

安娜和尤丽娅则站在稍远的地方，由妈妈陪着。她们从远处看到，这个男人被押进了警车带走。这让小女孩们有一点点不安，但又有一些小小的骄傲。

她们确实应该为自己感到骄傲！

这样做，她们也帮助到了别的孩子，使得同样的事情不会在他们身上发生。

而且，现在她们又可以和从前一样，开心地去游乐场玩耍，那个男人再也没有出现过。

他不敢再出现了！

这件事也让安娜和尤丽娅认识到，我们不应该把糟糕的秘密藏在心中，应该说出来，告诉自己信赖的人！

只有越早说出来，我们才能越快好起来。

你有糟糕的秘密吗？现在就说出来，告诉你信赖的或者正为你读这本书的人吧！

小·范尼和小·巴雷

同往常无数个上学日一样,玛丽早早来到公交车站,准备乘公交车去上学。玛丽快满12岁了,在她家附近的一个村子里上学。

等公交车时,玛丽又碰到了那个男人。几乎每天她都会在车站碰到他,看上去他似乎也在等公交车,但迄今为止,玛丽还从未见他上过哪辆公交车。"或许他等的是另一班车。"登上公交车时玛丽这样想,这是她唯一能想到的。

不过,当玛丽下午放学回来,有好几次那个男人还在那儿。他时不时地会陪玛丽走一段回家的路,还会问她学校里的新鲜事儿。

男人十分友好,玛丽和他聊得很愉快。当玛丽向他讲起学校的事,他总是全神贯注地倾听。玛丽对他知无不言。

"不要接受陌生人的东西!"玛丽很小的时候,妈妈总是这样告诫她。"还有,不要和陌生人说话,如果陌生人搭话,你别理他,直接跑开就是。"

但这些都是妈妈很久很久以前讲的话了,现在的玛丽觉得自己长大了,可以自主决定和谁说话。"而且这个男人已经不是陌生人了!"玛丽思忖道,"我认识这个人已经很久了,从我坐公交车上学开始我就认识他,说起来到现在也两年了。"

至于自己对这人到底有多了解,玛丽可没想过。

至少玛丽有这样的感觉,这个男人在认真地听她倾诉。妈妈平日里也会问起玛丽的情况,这样、那样的事。但对她的回应,妈妈是不是真的听进去了呢?玛丽心里没数。妈妈根本没有时间好好听她说话。在玛丽6岁那年,爸爸离开了她们,妈妈不得不重新出去找工作挣钱养家。她独自一人抚养玛丽,生活压力不小。每天早上,玛丽去上学,妈妈就外出打工,直到玛丽中午回家后,还要等上一个半小时,妈妈才能回来。日复一日,妈妈看上去总是精疲力尽,疲惫不堪。

这天玛丽中午放学回家,刚下公交车,那个男人就招呼玛丽:"你好,玛丽!"

她还不知道怎么称呼他,他却已经叫出了她的名字。玛丽想起,他曾问过自己的名字,自己礼貌地告诉了他。

很显然,男人今天没那么空闲和玛丽聊很久。他还是像往常一样问

小·范尼和小·巴雷

候她，问起她学校里的情况，但还没等玛丽回答，男人就打断了她："玛丽，我现在要急着回家，早上我刚买了两只小豚鼠。这俩小家伙在家肯定都等不及了，不过如果你愿意的话，可以和我一起去看看那两个小家伙，我们还能顺便好好聊聊。"

"哦，原来是这样啊。"玛丽想着，"妈妈这会儿也顾不上我，她怎么也得一个半小时后才能回家，到那个时候我肯定已经回到家了！"现在，她对那两只小豚鼠充满了好奇。

去那个男人家的路上，玛丽回想起很多妈妈对她的告诫，她突然觉得有些怪怪的。妈妈说过："如果你放学后还要去别的地方，一定要告诉我！还有，不要去陌生人的家！"但是玛丽没法告诉妈妈，她这时还没有回家，怕惹妈妈生气。"我反正会赶在妈妈回家前回去的，再说这人也不能算陌生人啊。"玛丽继续想。

然而玛丽又想起，有些陌生人会拿各种各样的诱饵和孩子套近乎，骗取他们的信任，而孩子们根本无法分辨。

"难道这个男的是想利用我对他的信任，让我跟着他走吗？说不定他家压根儿就没有什么小豚鼠呢？"玛丽陷入了沉思。

"啊，这都是什么呀！"玛丽又想明白了，"不能说所有给小孩东西或好处的人都是坏人啊！"

就这点而言，玛丽确实是对的，并不是所有的人都是坏人，都想干些坏事。

终于，玛丽和男人走到了他的住处。刚进客厅，玛丽就看到，右边的

小范尼和小巴雷

角落里放着一只白色的笼子，里面坐着两只可爱的小豚鼠。其中一只全身雪白，只在鼻子上有个小黑点，长得十分可爱有趣，和它的名字一样好玩：范尼。还有一只是褐色的，叫作巴雷。

"想抱一只放在膝盖上玩吗？"男人问她。

"当然愿意！"玛丽兴奋地回答，之前脑海里种种糟糕的想法都已经烟消云散。

"来，我们坐在沙发上！"男人说道。玛丽从笼子里轻轻取出小范尼，坐下之后，将小豚鼠搁在了自己的腿上。这时，男人也亲密地靠着她和小范尼坐了下来。

他们就这样坐着。不知为何，玛丽感觉非常不对劲。男人离她太近了。他也轻轻地抚摸着小范尼，小范尼又恰巧坐在玛丽的两腿之间。男人摸着小范尼，手有意无意地碰到玛丽的手，而他的另一只手就搭在玛丽身后。

这是因为他不小心吗？玛丽心里一阵发紧。

"为什么他坐得离我这么近？我不喜欢这样！"玛丽想，但她什么都没说。"算了，他肯定也是因为想摸小范尼，不小心才这样的。"玛丽这样开解自己。

然而，接下来男人做的事儿更出格，真正吓坏了玛丽——他的手碰

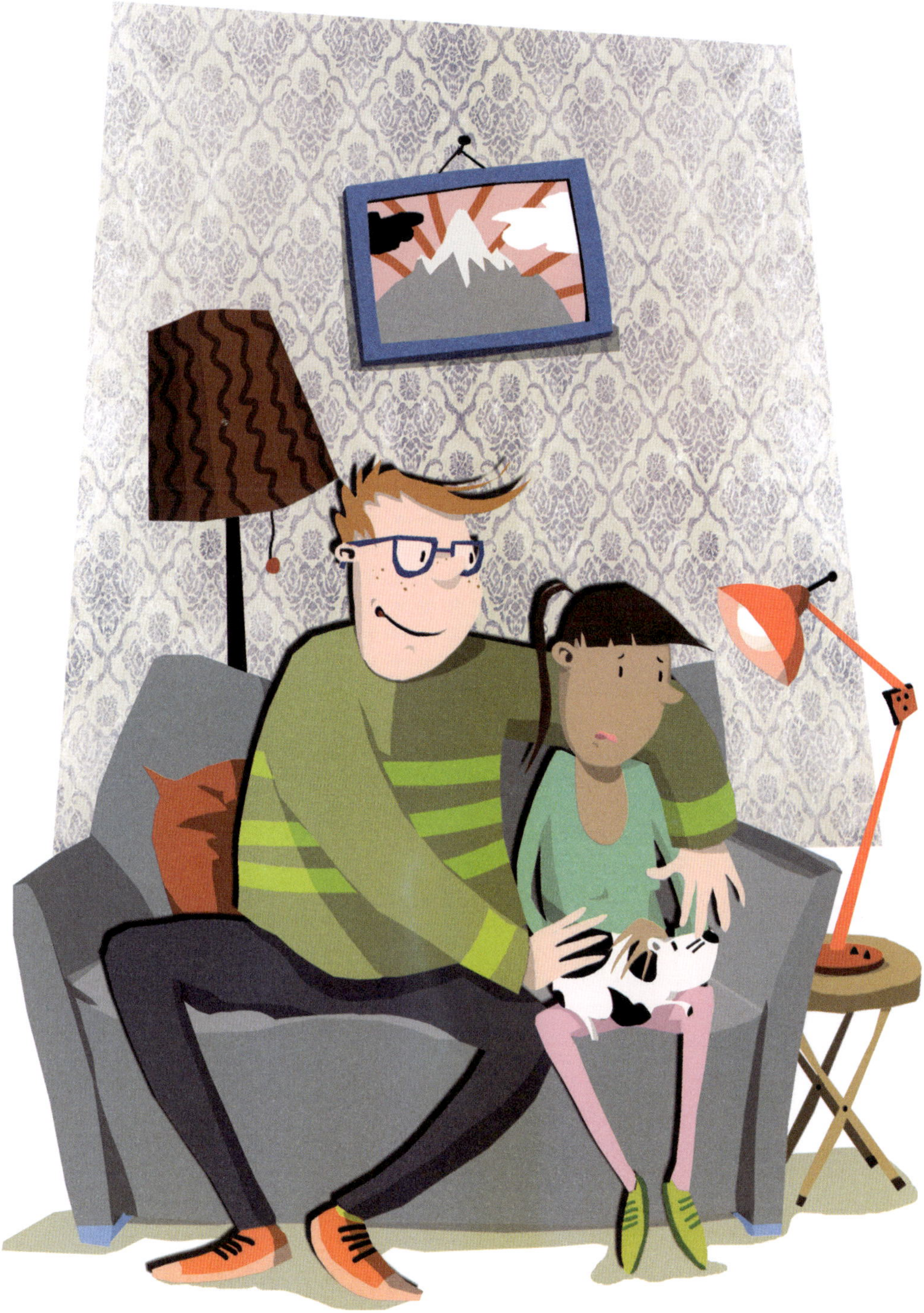

小·范尼和小·巴雷

到了她的裤裆处，也就是她下体的位置。

玛丽吓了一大跳，又惊又疑地盯了男人一眼。

"噢，不好意思！我不是故意的！"男人连忙道歉，"我只是想摸摸小范尼来着。当一个人太专注于一件事的时候，就会忽略别的事情。"

玛丽相信了他，相信他只是不小心而已。

然而真相是，男人并非不小心，他一直在有意识地触碰玛丽，玛丽却全然不知。又过了一小会儿，男人向玛丽提出一个古怪的要求，要玛丽满足他一个愿望，吻他一下。

玛丽有些迟疑，她根本不愿亲吻这个男人。

"玛丽，我已经满足了你的愿望，你也该满足我的愿望了，起码应该吻我一下表达你的谢意吧！"男人说道，口气有些强硬。

"这回，他听上去可不像之前那么友好了，就像变了一个人！"玛丽有些不适应，但她不敢反抗。

玛丽飞快地用嘴唇碰了一下男人的脸颊，小范尼在这期间一直安静地坐在她腿上。

男人并没就此罢休，他说："玛丽，这可算不上真正的吻，你的嘴要张开一点点。"

这时，玛丽想起了妈妈对她的劝告："对别人要礼貌，别和人家对着干。"于是玛丽照男人的要求做了。

玛丽刚张大嘴,突然感觉到,有个湿答答、软乎乎的东西在碰触她的舌头。

是那个男人的舌头。

这一刻,玛丽清醒过来,"妈妈的本意肯定不是这样的!妈妈指的是别的事儿!"

"哎呀!"她大叫一声,小范尼受到了惊吓,从玛丽的膝盖上跳开。玛丽径直冲向了门口,男人跟上来,牢牢拽住她的胳膊,警告她:"行了,玛丽!你现在愿意回家就回家,但刚才的事,你一个字也不能跟别人讲!否则我再也不带你看小范尼和小巴雷。"

"我宁愿再也不要来这儿!"玛丽这样想。

玛丽夺门而出,过马路时,连一分钟也不敢多停留,头也不回地,以她最快最快的速度一口气跑回了家。

这个男人舌吻了玛丽,还有意触摸了她的下体。他性侵了玛丽!

玛丽刚惊魂未定地回到家,身后的门便被打开了,妈妈回来了。

小·范尼和小·巴雷

"啊,我的小老鼠?今天上学怎么样啊?"妈妈问道。

玛丽沉默不语。

妈妈进屋后匆匆脱鞋、换衣服,又赶紧忙着去做饭,即使玛丽没有回应她,妈妈也没觉察出异样。

坐在厨房的椅子上,玛丽独自陷入沉思,"我还是不要把这一切告诉妈妈!妈妈肯定会对我非常非常生气,毕竟我今天没有听她的话!"再想远点,对妈妈的担心也让她觉得压抑:"如果我告诉妈妈了,妈妈只会更加担心我,妈妈已经够忙、够操心的了。"

想到这些,玛丽自己还没有意识到,眼泪却一颗接着一颗顺着她的面颊滚落下来。直到妈妈走过来拉着她的手臂,想要给她些安慰,她才大声抽泣起来。

"玛丽,到底发生了什么?总得给我讲讲,我才好帮你啊!"妈妈一边说一边轻轻摩挲着女儿的后背。

此刻,玛丽再也不能假装没事了,"都怪我,妈妈!"短暂的停顿后,她一股脑儿地道出了发生的一切。她从头讲起,她如何遇上那个陌生的男人,他又如何赢得她的好感和信任。她还告诉妈妈,她明明感觉不太好,她明明知道自己本该先通知妈妈一声,但还是自作主张跟着那个男人去了他家。

接着，她讲述了在那个男人家里发生的事情。那个男人坐得离她如此之近，让她感到不舒服，还恶心地被强吻了。

玛丽所讲述的一切令玛丽的妈妈十分震惊，但是她也很庆幸，庆幸玛丽信赖她，并把这些全部告诉了她。

"玛丽，"妈妈说，"你把这些都告诉我，你做得很对。能把这一切告诉我，妈妈觉得你已经很了不起了。我会一直在你身后，支持你。玛丽，就算我有很多压力，你也可以随时来找妈妈倾诉你的烦恼和问题。还好你没有把那个男人的威胁当真，我向你保证，这样的事再也不会发生在你身上。"

看到妈妈没有生气，玛丽如释重负，她不禁问自己，她过去怎能想当然地认为，妈妈没有认真听她说话呢？

玛丽妈妈立刻给警察局打了电话。不多久，就来了两名警察，一男一女。两名警察看起来毫不起眼，穿着也十分普通。玛丽有点小失望，她以为，警察都穿酷酷的制服，像电视上看到的一样。

然后玛丽又想："这样或许更好，至少不会那么显眼，让整个社区都知道警察就在我家里。"

说到底，玛丽可不想邻居闲言碎语地谈论她刚经历的一切。

"玛丽，"女警察问道，"如果再碰到这个男人，你能认出他吗？"

"当然可以！"玛丽立刻回答，她还很详细地描述了那个男人的体貌特征。

"那么你有没有信心，再次找到他的住处呢？和我还有我的同事一起？"女警察继续问道。短暂迟疑后，玛丽答道："至少我可以试试。"

于是，在两名警察和妈妈的陪同下，玛丽再次走上了从公交车站去那个男人家的路。第一圈搜寻，他们在头一条街路口拐弯，没有找到。但是第二圈搜寻，他们路过一栋房子时，玛丽立刻觉得眼熟，指认出来。

"就在这儿！"玛丽激动地喊起来。

"你确定吗？"男警察问道。

"是的，非常确定！那个男人就住在二楼的左手边。"玛丽语速很快地说道。

"放轻松，玛丽。请再告诉我一次，那个装豚鼠的笼子具体在什么地方？还有那两只豚鼠是什么样子？"

玛丽再次详细地描述了一遍，然后，她和妈妈被允许离开现场回家。

然后，两名警察按照玛丽的描述找到了那家房门，按响了门铃。给他们开门的是一名小个子男人，他并不比玛丽高多少。他的样子和玛丽描述的一模一样。

当警察进入公寓后，在客厅右边的角落里发现了玛丽说的豚鼠笼子，笼子里的两只小豚鼠也和玛丽描述的一样。

"我犯了什么罪？"男人大叫，企图从警察嘴里套出原因。当警察告诉他，他需要对性侵一名11岁小女孩的行为承担责任时，他大笑并辩称："这真是一派胡言！这纯粹是个谎言！我压根不认识什么11岁的小姑娘，也从来没有什么小孩来过我家！"

当被戴上手铐押往警察局时，男人蔫了。这个性侵犯因自己的谎言和警察收集的证据被证明有罪！在进一步的审讯中，警察还发现，他不仅仅骗了玛丽，他还诱骗过不少别的轻信他的孩子们。

现在，这一切终于结束了！

"谢谢你，玛丽！"

我不跟你走

不！我不愿意！

这天，卢卡斯要和妈妈一起去购物。他喜欢和妈妈去买东西，购物中心也很好玩。卢卡斯和妈妈正准备上车出发，妈妈却开始在手提包里翻找东西。"我的钱包又去哪儿了？"卢卡斯的妈妈不安起来，喃喃自语，来来回回翻遍了手提包，钱包还是不见踪影。

"卢卡斯，我得赶紧进趟屋找钱包，你在这等着啊，我马上就回来！"她边说边往回走。在妈妈快进房门前，她不放心，又扭过头，打算叮嘱卢卡斯几句话，几句她总爱翻来覆去说的话。这几句话卢卡斯听得耳朵都要起茧子了。她喊道："啊，卢卡斯，你知道的，不要和陌生人说话，也不要上任何一辆车！"

"知道了妈妈。"卢卡斯不耐烦地答了一声，"谁会没事儿干突然开车过来和我说话呀。"他小声嘀咕。

然而就在这一刻，在卢卡斯妈妈进入屋内找钱包的时候，真的来了辆车并停在了卢卡斯面前。

当车窗摇下来的时候，一个男人的声音飘了出来，"卢卡斯！"

卢卡斯往车里看，第一眼他觉得这个男人他不认识，凑近了看，他认出来了。

那是他的外公。"啊，外公，这是你的车吗？"

"这辆小跑车看起来可真酷。"卢卡斯想。

"对啊，我的新车，卢卡斯。"外公说，"本来我不该来这儿的，但猫妈妈刚刚把她的宝宝生在了我们的仓库里，我想接你过去看看猫宝宝们，它们真的是太可爱了！你一定得去看看。直接在门口遇到你真是太好了，不然我还得找个车位才能停。快上来！"

卢卡斯上了车。

我不跟你走

妈妈从屋里出来,她没找到卢卡斯。开始她还没有往坏处想,"或许他在房子周围玩耍时遇到了邻居家的孩子,一起跑到哪儿去玩了吧。"她这么想。

但是卢卡斯不在这附近,也没见着其他的孩子。

卢卡斯的妈妈开始担心起来。这时,住在街对面的邻居哈姆斯太太正从窗户里探身出来打招呼,于是卢卡斯妈妈上前问她有没有看到卢卡斯。哈姆斯太太总喜欢坐在窗边忙活计,从她家窗户看出去视野开阔,正好对着卢卡斯家的前庭和大门。

"卢卡斯?"哈姆斯太太答道,"刚才我的确看见他了,他几分钟前刚上了一辆汽车。"

"什么?!"卢卡斯的妈妈焦虑极了,"卢卡斯上了一辆汽车?就这样?或者他是被人强拽上汽车的?您有没有看到司机?"

"没有,根本没有这回事。您应该相信我,如果有人强行拉卢卡斯上车,我怎么可能还安静地坐在这里,我肯定早就通知您了!当然还有警察!若他真是被人强拽上汽车的,我肯定会瞧出不对劲来!"哈姆斯太太解释道。"在我看起来,更像是卢卡斯认识那个人,他们还聊了一小会儿,卢卡斯才上的车。"她继续补充道。

很可惜哈姆斯太太根本看不见车里的那个人,那面车窗当时正反射着太阳光。至于车子的标识,她也很难说得出。

"一切看起来都很正常,别太担心。"末了,哈姆斯太太语气很轻地安慰道。

"我的卢卡斯!"卢卡斯妈妈不知怎么办才好,"我的小卢卡斯,千万不要发生什么事!"

卢卡斯妈妈此刻已非常担心。

"也许他是被引诱的?或者那人许诺了他特别感兴趣的东西?"她不停地琢磨。

"我和卢卡斯说过多少次了,总有人装出和蔼可亲的样子,花言巧语地骗孩子,让孩子心甘情愿跟着他们走,甚至上他们的车。但不幸的是,他们根本就不是什么好人!"卢卡斯妈妈越想越不安。

在卢卡斯妈妈的印象中,最近这段时间,每回她叮嘱那些话时,卢卡斯总是听得心不在焉。

万分焦虑之下,她飞快地跑回家,报了警。不一会儿,两位警察就赶到她家。他们听取了事件过程,询问了卢卡斯的穿着,还拿了一张他的照片,开始出动,全城搜寻卢卡斯。搜寻中,他们还得到了其他很多警员的协助,甚至动用了两架警用直升机。

所有人都在找卢卡斯!

我不跟你走

大约一小时后,一辆警车徐徐驶过一条街时,车内的警察突然发现人行道对面走来一个小男孩。"停一下!"他对开车的同伴说,"他看起来和照片上一样,衣服也和描述的一样。应该就是卢卡斯!"

接着他摇下车窗朝外喊:"你好!你是卢卡斯吗?"

卢卡斯目瞪口呆地站在原地。"警察怎么知道我的名字?"卢卡斯疑惑。

"怎么了?"卢卡斯反问道。这时警察停好车,慢慢地走下来。

两个警察走到卢卡斯身边,其中一个开口:"你这个卢卡斯啊!我们来这儿是为了找你!你妈妈到处找你,她担心得要命,搞得我们也很紧张。没人知道你突然上哪儿去了。可以和我们说说,是谁把你从你家门前接走的吗?"

"噢,天哪!"卢卡斯这才意识到事情的严重性,"我把妈妈完全忘到脑后了,也没和她说一声!"

"我外公把我接走的。"卢卡斯回答。

"可以说说你和你外公上哪儿去了吗?"警察接着问。

"当然可以!外公接我去看他家仓库里新出生的小猫咪,它们才刚刚出世。这会儿我正想回家呢。"卢卡斯绘声绘色地说道。

不过说着说着,卢卡斯有些后悔了,"我完全忘记了妈妈!她还想和我去购物来着!"卢卡斯都想起来了。他还想起妈妈的叮嘱,"我不应该就这么上了别人的车!不过那确实是外公的车!"

警察护送卢卡斯回了家。卢卡斯妈妈看到儿子从警车里下来的时

43

我不跟你走

候,如释重负,泪水涟涟,她把儿子紧紧地抱在了怀里。

最后妈妈知道了卢卡斯是去了外公家,长吁了一口气。她非常庆幸,

她的卢卡斯没有遇到什么险恶的事。

"可是妈妈不知为何还是有点不开心啊!"卢卡斯观察着妈妈,后悔地想。

他小心翼翼地问:"妈妈,你现在还生我的气吗?"

"不，卢卡斯，但我有点儿生你外公的气。你知道吗，很多很多年以前，我还是一个小女孩的时候，你外公总反反复复叮嘱我，如果我要和什么人出门，就必须提前跟家里打招呼。但今天他自己就没有好好遵守这个约定，真是吓了我一大跳！"

外公应该通知家里一声的，这样妈妈就不会担惊受怕了。卢卡斯的外公很可爱，就是记性不大好。好在事情有惊无险，卢卡斯也深深地记住了："不能随便上陌生人的车，更不能不告诉父母一声就离家！"

一根奇怪的香蕉

"**耶**！我们终于又可以去凯文家玩了！凯文是世界上最棒的表哥！"丽萨兴奋不已，对爸爸妈妈大声欢叫起来。她刚知道，他们要去拜访汉娜阿姨和哈特姨父。

丽萨在自己的房间里雀跃不已，高兴地转来转去，还央求妈妈让她穿最漂亮的那条连衣裙去。

她十分喜欢妈妈的这位姐姐——汉娜阿姨，也喜欢她的丈夫——哈特姨父。哈特姨父总有讲不完的笑话，非常风趣。汉娜阿姨烘培的蛋糕则是这个世界上最美味的蛋糕，你可以想象它有多好吃。

至于凯文表哥，更是丽萨崇拜的偶像。丽萨暗暗决定，等她长大，总有一天她会嫁给凯文表哥。当然凯文已经15岁了，丽萨才5岁。但丽萨觉得，这完全不是问题，凯文现在已是她最棒的玩伴和最好的朋友。

凯文在丽萨的幼儿园做实习工作。在那儿他不仅受到孩子们的喜爱，老师们也很欢迎他。连丽萨这样的小不点都那么喜欢他，更不用提幼儿园的其他小姑娘了。

每次丽萨去他家玩，凯文总会为她准备一个很贴心的小惊喜。有一回，大人们待在家里玩扑克牌的时候，凯文就带丽萨去动物园玩，还有几次带她去游泳池或者一起去吃冰激凌。这些惊喜总是来得很特别，让丽萨很想一直待在凯文身边！

"要是我们家能搬到凯文家附近就好了，"丽萨经常想，"这样我就可以常去找他玩，还可以常去照顾爱玛。"

爱玛是一只小仓鼠，凯文在帮丽萨照顾它。爱玛也是凯文送给丽萨的一个大惊喜。丽萨非常喜欢这只小仓鼠，她很久以前就想养一只小宠物了。

这一天，他们如约来到了汉娜阿姨和哈特姨父家。大家寒暄问候刚过，凯文和丽萨就径直跑上了二楼，凯文的房间在那一层。大人们则像往常一样在客厅里聊天。

丽萨一进屋就找爱玛，但是怎么也找不到，她连笼子都没看到。丽萨泄气了，有点伤心地看着凯文，"爱玛呢？"

"不要难过，丽萨。爱玛就在这个房间里，离你很近的！你马上就会看见它！"凯文有些神神秘秘的。

看来凯文又为丽萨准备了一个惊喜。丽萨看到，凯文把房门反锁上，这可有点少见。凯文压低声音说："大人们不可以玩这个游戏！这是

一根奇怪的香蕉

咱俩的一个大秘密,只能咱俩知道!我这么喜欢你,丽萨,你能为我保密吗?"

"当然!"丽萨想也没想就说,"我不会告诉任何人!只有最好的朋友才会分享秘密。我觉得,有秘密很好!"

"那我们玩一个躲猫猫游戏吧！"凯文很满意，继而向丽萨解释规则，"听着，爱玛就躲在这罩子下面，正等着你找它。找爱玛时，一路上你会发现各种各样的糖果，在你摸到爱玛之前，你可以偷偷吃这些糖果。你想玩吗？"

"好啊！"丽萨高兴得喊出了声。

接着凯文又说了句："这是一个非常特别的游戏，丽萨，这个游戏我只和你玩儿，因为你是我最喜欢的表妹。你不可以把属于我俩的游戏告诉别的任何人，否则我们就再也不能做朋友了！"

丽萨点点头。"为什么凯文非得再说一次保密呢？"丽萨有点纳闷，"或许这是个非常非常特别的秘密！我等不及要玩这个游戏了！"

于是他们两个都钻到了罩子里面。

等丽萨整个儿钻进去时，她不由惊呼："哇！这里好黑啊！"

"游戏开始！开始寻找，用你的双手往前摸摸看！"凯文说，"看看你都能找到些什么！"

游戏刚一开始，丽萨就已经触碰到床单上放着的一颗小熊软糖。她飞快地把甜甜的软糖塞进嘴里，开心不已。

"继续找呀，丽萨，说不定还能找到一颗！"凯文说。然后他抓起丽萨的手，引她摸到一处碰起来毛绒绒的地方。

一根奇怪的香蕉

"爱玛在这里！"丽萨高兴地叫起来。

"摸摸爱玛！它最喜欢这样了！我来教你，我们要怎样摸它，它才最喜欢。"凯文边说边引导着丽萨把手放在他的两腿之间，据说爱玛就在那里等着丽萨抚摸。

"真奇怪！"丽萨有点惊讶地想，"不知为什么，今天的爱玛摸起来和平时很不一样啊！它的毛毛原来要柔软得多，而且它喜欢动来动去的，哪会像今天这样老老实实安安静静地待在一个地方。"

同时，丽萨感觉到毛毛下的东西有些硬，有些长，有一根香蕉那么长。

"一根香蕉！是一根香蕉！"丽萨叫起来。

凯文哈哈大笑，因为丽萨发现的并不是什么香蕉。

"总觉得这根香蕉有些奇怪。"丽萨这么想着。她正想要把手缩回来，凯文忽然再次抓住丽萨的手，重新放回到香蕉上。

"这是一根非常特别的香蕉！"凯文说，"来，丽萨，像我教你的那样，把这根香蕉拿在手里！"

丽萨觉得很奇怪，她自己拿香蕉已经很多次了，这一点根本无需凯文来教。玩到现在，她也有些糊涂，但她信赖凯文，完全没想到自己刚才已被凯文戏弄了。就这样，丽萨再度去拿那根所谓的"香蕉"，之后发生的事有些戏剧化，出乎凯文的意料。

丽萨把那根"香蕉"握在手里,很用力地咬了一口!

"嗷——啊啊啊啊!"凯文惨叫起来,"你这个蠢母牛,你这个笨蛋!你不能咬啊!啊啊啊!"

凯文一把扯开罩子,弯着腰在房间里乱跳,双手捂住裤裆,痛苦得涨红了脸。出其不意的疼痛让凯文根本没法说话,只能大呼大喊。

丽萨惊呆了!他叫她"蠢母牛"!凯文还从未对她说过这样的话。她很快意识到,她刚才用力咬了一口的根本就不是什么香蕉!

那是凯文的小鸡鸡!也就是这会儿他双手捂住的地方,所以他才会疼成这样。

丽萨这下完全糊涂了,她想不明白这是怎么一回事,开始哭起来。丽萨从来没想过要弄疼凯文,她当时信以为真,以为她咬的是一根香蕉。

"可凯文为什么要躲在罩子里面露出他的小鸡鸡呢?"丽萨越想越气恼,"他为什么要骗我,让我相信那是一根香蕉呢?我一点儿也不想碰他的小鸡鸡呀!还咬?我这辈子都不想碰他那里好吗!还有,爱玛呢,它在哪儿?我一直都没有看见它,那我刚才在罩子底下摸到的到底是什么?爱玛被藏起来了吗?或许它根本就不在罩子下面?"

各种疑问在丽萨脑子里飞速旋转,直到有人用力地拍门。

丽萨听出来是哈特姨父。

一根奇怪的香蕉

"你们在里面怎么了?凯文,马上开门!为什么还锁门?"哈特姨父担心地叫道。

丽萨跳起来,飞快地跑到门边,旋转门锁里的钥匙。门打开,哈特姨父先进了房间,随后丽萨的妈妈和爸爸,还有汉娜阿姨也快步爬上楼来。所有人都想知道,刚才到底发生了什么事。

丽萨哭着躲到了妈妈身边,眼泪流个不停。

"我不想弄疼凯文的!"她抽泣着说,"我以为那是一根香蕉!"

同时,一旁的凯文因为小鸡鸡带来的剧烈疼痛,都没法动弹了。看到这个场景,无需多解释,大人们马上就明白了。

"凯文!你都干了些什么?"哈特姨父很震惊,生气地呵斥道。汉娜阿姨不知所措,站在那里。

凯文嚎叫着:"没有!这蠢母牛咬我的小鸡鸡,你们都看见了!这不怪我!怪丽萨!"

"不,不是这样的!"丽萨委屈极了,"我根本不想这样的!我确实以为那是一根香蕉!"

丽萨妈妈见状,把丽萨拉到一边,语气温柔地问道:"到底是怎么回事儿,我的小不点儿?慢慢说,不着急。"

丽萨哭着回答妈妈:"可这是凯文和我的秘密,我不能泄露它!"

妈妈想了想，对丽萨说："亲爱的丽萨，秘密呢，有好的也有坏的。好秘密会让人感到高兴和快乐，坏秘密不会让你有好的感觉，这样的秘密你完全可以告诉别人。你刚才感觉怎么样？"

"非常不好，妈妈！"丽萨抽泣道。

一根奇怪的香蕉

于是,丽萨哽咽着向妈妈讲述了他们刚才玩的游戏。

随着丽萨的讲述,时间一点点平复了她的情绪,丽萨也越来越放松。她发现,把坏秘密讲出来,是对的。

凯文性侵了丽萨!

妈妈后来告诉丽萨,凯文是为了不被发现,才故意反锁门的。他从一开始,就打算与丽萨做些不同寻常的事,并谎称是要跟丽萨玩一个很棒的游戏,但这样的"游戏"任何人都不应该和小孩子玩!凯文也很清楚他不可以这样做,所以他才一直强调这是个秘密,因为他害怕丽萨把这件事说出去,让别人知道。

"我长大后,绝对不会嫁给像凯文这样的男孩!"明白过来后,丽萨暗暗下定决心。凯文不再是她的朋友,朋友之间不会这样做,他无耻地利用了丽萨的信任,对她做了如此糟糕的事情。不仅丽萨不再信任他,他也因此失去了其他大人的信任,比如他父母和丽萨的父母。当初要不是大家那么信任他,怎么会让他在没有大人监护的情况下和丽萨单独一起玩。

好在,这一切很快水落石出,丽萨无须把这个秘密带回家。

也只有这样，哈特姨父和汉娜阿姨才能发现凯文的问题，帮助他避免犯同样的错误。他们带他去看了一位特别的医生，跟医生咨询了凯文的问题。凯文现在正接受医生的治疗。他第一次犯这样的错误，现在他醒悟过来了，同时，他很后悔把丽萨牵连进来。凯文知道，自己已经不再适合继续留在幼儿园工作，他转行去做了保险文员的学徒工。

丽萨变得很小心，她不会再盲目相信别人。哈特姨父把爱玛送给了她，丽萨每天忙着照顾她的小仓鼠，和凯文发生过的事儿，她已经快忘得差不多了。

隐身的男子

丽娜才13岁，不过她看上去像16岁的少女。她喜欢化妆，穿街头年轻人才穿的时髦衣服。有这样一位漂亮的女儿，丽娜的爸爸妈妈原本非常骄傲，但他们不喜欢她这样打扮自己，因为他们不喜欢自己的孩子失去自我，打扮得像个成年人。说到底，丽娜还是个孩子，她应该有个孩子样儿。

不久前，丽娜的生活里出现了一位小伙子，她很崇拜他。丽娜头一回有这种感觉，只要一想到他，心里就痒痒的。尽管还没见过面，但他们每天都联系，有时甚至能聊上几个小时。

他叫约亨，已经17岁了，丽娜有张他在游泳池穿着泳裤的照片。

"他看起来真酷！"她看照片时，总是这么想。

每天，约亨都要在脸书上传很多短讯给丽娜，告诉她，她有多么多么棒。丽娜在脸书上贴出她的真实名字和爱好，还贴了相当多的自拍，当然只是她精选过的自认为最好的照片！丽娜喜欢自拍并爱翻阅朋友们对自己照片的评论。她精心挑选出来的照片，要么看起来特别漂亮，要么看着明显比自己的实际年龄成熟得多。

她认识约亨纯属偶然，不过是有一回，他在她分享的照片下留言："你可真美。"

此后，丽娜的每张照片，约亨都会评论留言。他的评论贴心又可爱，文笔也甜，深深打动了丽娜。

有一次约亨问丽娜究竟多大了，她撒了谎，谎称自己已经16岁了。然后他又发短讯给她，主动说起自己的年龄和就读的学校。

隐身的男子

最初更多的是约亨聊他自己、他的家庭、朋友和他曾交往过的女孩。他还说，自己从来没有和别的任何人聊过这么多隐私，他只跟丽娜说这些，因为他如此喜欢她，信任她。他继而聊起自己初吻的感觉。他向丽娜解释，他很喜欢和女孩儿亲吻，以及这种感觉有多棒。他还问丽娜究竟有没有真正和男生接过吻，他自己都试过一回舌吻了。

丽娜只回了他一个微笑。她还没和男生接过吻，光想想就让她觉得恶心。但她不想让约亨知道这些。

还有一回，约亨问她有没有兴趣出来和他见个面，这样他俩就能好好聊聊。他非常好奇，想看看她现实中是不是也像照片上那么漂亮。

打那以后，他们常常聊一般人不会谈及的话题，比如他问她穿的内衣是什么颜色，又或者她是不是已经需要戴胸罩。丽娜觉得他的问题莫名其妙，但不知为何，让她觉得好奇又刺激。

丽娜琢磨，回答约亨这些问题时最好显得成熟些，不然他会起疑心，觉察出不对劲。

回答这些问题时，丽娜有些难为情，好在她只是隔屏写写，无须面对面去讲，这让她释然许多。他俩互相承诺，谁都不能把他俩在

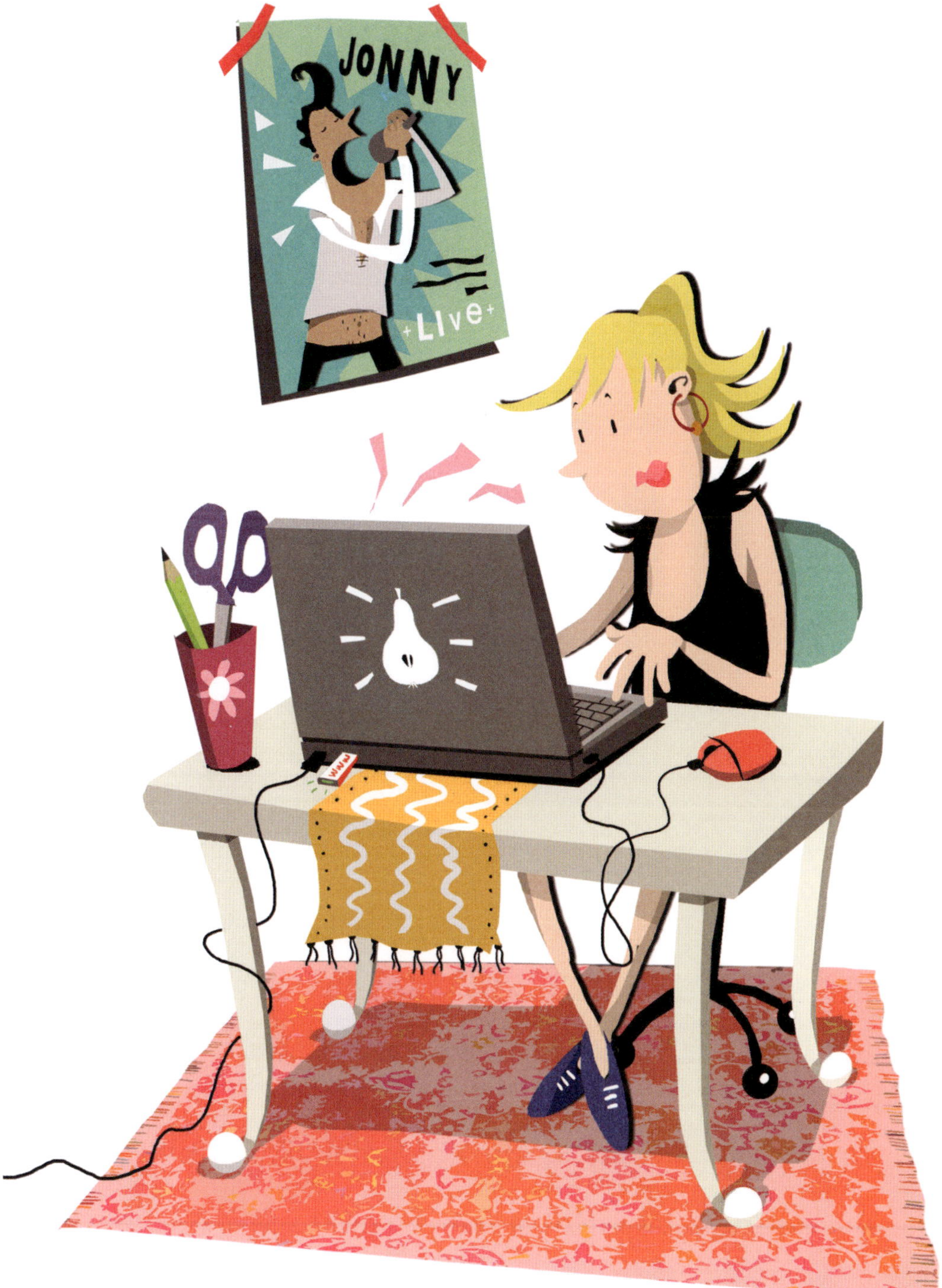
JONNY
+LIVE+

隐身的男子

脸书上的聊天内容透露给第三人。之后对约亨的提问，丽娜总是有问必答。

看到约亨给予自己这么大的信任，丽娜心怀骄傲。约亨再三强调，她是他倾吐这些事儿的唯一对象。他只信赖她，因为她如此真诚。在丽娜面前，他毫无保留。他完全信赖她，依赖她。

他依赖丽娜！而她很愿意守护他们的秘密！

只要一放学回来，丽娜就马上打开电脑，查约亨有没有留言给她，而每次都有一份短讯等着她。收看约亨的新消息已逐渐成为丽娜生活中不可缺少的一部分。

幸运的是电脑就在丽娜的房间里，她的爸爸妈妈完全没察觉出他们的女儿花了多少时间在网上，当然更不可能发现她和约亨之间的联系。

"这可是我的大秘密！就让它保守下去吧。"丽娜想到这儿，总会偷偷发笑。

这一天从学校回来，和往常一样，丽娜等不及收看约亨的短讯，回到家就想直奔自己的房间，妈妈却已准备好了午饭，丽娜不得不先在厨房餐桌旁坐下。她急匆匆地胡乱塞了几口了事。

"丽娜,发生什么事了?让你急成这样?"妈妈问。

"这个,妈妈,嗯……"丽娜讪讪地,随即答道,"妈妈,我们今天有非常非常多的作业,我还想写完作业出去玩呢,得快快写完才是!"

话音刚落,丽娜已经溜回了房间。

约亨又给她留言了,他总能写出那么甜蜜的话,如"你真是太可爱了!你有一张被施过魔法的脸蛋,还有美丽的头发!无论如何,我想再多了解你一些!"

丽娜正要回复他,又收到他的一则新短讯:"嘿,丽娜,好想有一张你的照片,一张我可以好好看看的全身照!就一张,你会发给我吧?"

丽娜想:"要看全身照?没问题啊!"

"等着,"丽娜在键盘上敲,"我得先拍呀!"

很快地,丽娜调好镜头,找好能让她自拍出全身照的角度。一通熟练的操作后,她把照片上传并发给了约亨。

隐身的男子

"这正是我想象中的你!"约亨回复,"你身材可真棒!完全可以当模特儿了!"这话太讨丽娜喜欢了。

"你够勇敢吗,丽娜?"约亨问。

"我当然勇敢了!"她开心地回复。

"那你也是真的喜欢我吗?"他继续问。

"我当然喜欢你了,约亨!"丽娜边写边想,"他怎么问起这个来?"

"我很期待,想看看,没有衣服包裹着的你是什么样子!"约亨解释道。

"什么?想看我的裸体?约亨是想让我把衣服都脱掉吗?这就难堪了。"这个念头在丽娜脑海里一闪而过。无论如何丽娜都不会脱掉衣服的,她正琢磨如何回绝,约亨又传来一则短讯:"啊,拜托!求求你,求求你,求求你了!这可是很正常的事,要是两个人真的互相喜欢,他们也会愿意赤裸相见。我向你保证,我绝不会给别人看!真的!"

"什么?没准儿还会让别人看到?这我可没想到!约亨看上去是真的很喜欢我,他应该是真的只想看看我的裸照吧?"这个想法盘旋在丽娜的脑海,让她好奇,又想拒绝,她就这样徘徊不定,左右为难。

"你对我保证说,不会给任何人看,是当真的,对吗?"丽娜小心翼翼地问。

隐身的男子

"当然了,必须的!你都在想些什么啊?这本来就是我俩的秘密!别人休想看到你的照片!休想从我俩这儿知道这些!"

"那好吧,"丽娜迟疑地回复,"等一等,我再拍一张。"

她自己也不确定,这么做是否正确,但现在她的好奇心胜过一切,这让他俩的秘密变得更加好玩儿。她不愿扫约亨的兴!不知为何,这一切让丽娜有些提心吊胆。发这样的一张照片给约亨,她觉得害臊,可她没有勇气告诉约亨。

"啊,该怎么做已经很清楚了啊!"她给自己打气道。为了让自己感觉不那么糟糕,她对自己说,"我只是给他发张照片,又不是在他面前脱衣服。这样的事情永远不会发生!就算我们真见了面也不会!"

丽娜就这样脱光自己,自拍了一张。

她刚把照片发过去,约亨的回复就到了:"你看上去棒极了!真正的美女呀!等会儿我同样给你发张我的,让你看看,刚才看你照片时,我在做什么!"

叮的一声,屏幕弹出,她已经收到一份文件,丽娜点开它。

她吓得目瞪口呆!看着这张照片,丽娜惊慌失措又万分尴尬。

照片上是个全身赤裸的男人,这个男人一只手拿着她的照片,显而

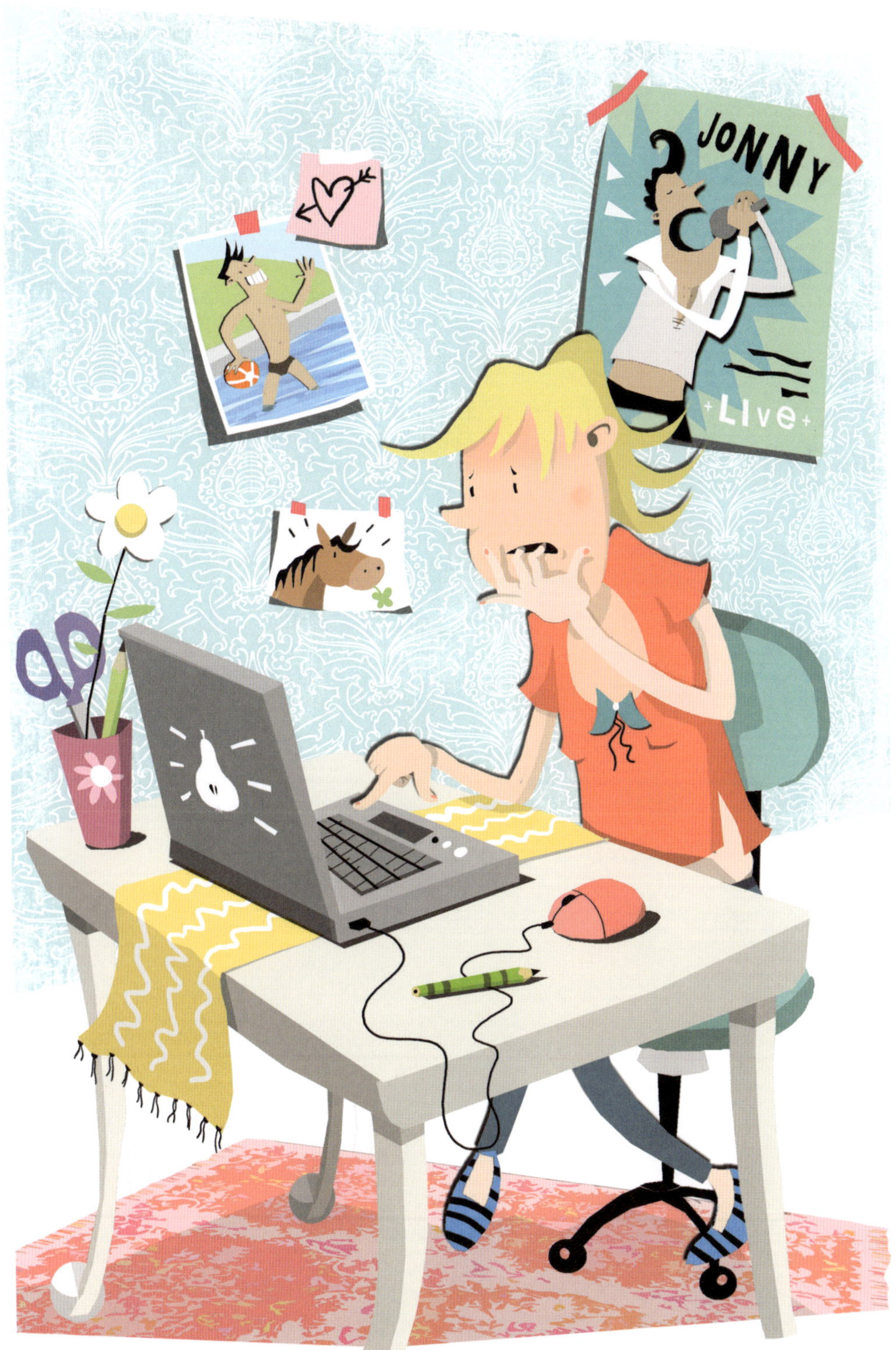
JONNY
LIVE

隐身的男子

易见他刚刚打印出来,另一只手握着他的鸡鸡。

"哎呀!"丽娜吓得尖叫起来!这张照片看起来很不正常,令人恶心。还有一点让人奇怪,照片里的这个男人看上去不是约亨,他比约亨年纪大得多,很胖,显然是个成年人,不可能才17岁。

"这绝对不是约亨!"丽娜这样想着,松了一口气。

"约亨给我发了张不相干的人的照片!说不定他很难为情,不好意思把自己的裸照发给我看呢,就像我刚才一样?有可能他没有我这么大的勇气?这我倒是理解。可照片里这个恶心的男人是谁?这个陌生男人怎么会有我的照片?"

丽娜完全糊涂了,不知该怎么理解这件事才好。

忽然,妈妈出现在她的房间。

"丽娜,亲爱的,怎么啦?你刚才喊叫什么呢?"与此同时,妈妈已经看到了电脑屏幕上的照片。"丽娜,你,你究竟哪来的这些照片?看在老天的份上,你在电脑上到底都看了些什么呀?"妈妈控制不住自己的情绪,喊叫起来,她怒气冲天,立刻关掉了电脑。

丽娜吓得哭起来,慌乱中想,"噢,不!我不要吓着妈妈。她要是知道,我对她撒了谎,准会很生气。我瞒了她这么久的秘密,现在就要被发现了!不过,幸好妈妈没有发现那人手里拿的是我的照片。她这么快关掉了电脑,应该没发现吧。"

丽娜内疚地看着妈妈,"妈妈,我根本不想这样的!约亨给我发了这么一张男人的坏照片!妈妈,不是我要去看的!"丽娜抽泣着说。

"约亨是怎么一回事?"妈妈顿了一顿,问。

丽娜局促不安地看了看妈妈,略带犹豫地回答:"他的事儿我不能说!那是我和他的秘密!"

妈妈叹了口气,把她拥在怀里,语气也柔和起来,"丽娜,世上确实有值得你去守护的秘密,守护它应该让人觉得开心和温暖。但如果你一旦感觉异样,哪怕对你守护的秘密有一点点怀疑,那么兴许它是个糟糕的秘密。这样的秘密我们可以,甚至应该说出来。说出来之后,事情才会好转起来啊!"

丽娜想了想,"对,妈妈说的有道理。我原本不想发我的裸照来着,我压根儿也没想过要约亨的裸照,更别提这个老男人的了!这个秘密已经让我感觉不舒服了。"

于是丽娜把事情的来龙去脉告诉了妈妈,她怎么认识的约亨,他们怎么在脸书上聊天。

"丽娜,我很欣慰,你把这一切告诉了我,这很好。"妈妈说着,轻轻擦拭丽娜脸颊上的眼泪。

隐身的男子

丽娜心里暖暖的，反而又哭起来，"这都怪我！"

"不能这样说，不能怪你。你没能发现你被人利用了！但是这个所谓的约亨，这种人通常都是成年人，他们很清楚，什么该做什么不该做。他非常清楚，他不应该发给你这样的照片！"妈妈安抚着丽娜。

听到这儿，丽娜有一点为约亨鸣不平，她差点叫起来："可是妈妈，那人根本不是约亨啊，照片里完全是另外一个男人！"

"丽娜，"妈妈继续说，"不管照片里的是谁，这样的照片都不应该发给你！也许17岁的这个约亨确实存在，也许他根本就不存在！一直和你聊天的显然是别的人，甚至说不定就是你看到的这张照片里的这个男人呢。"

"哦，天啊！多么可怕的想法！"丽娜呆呆地想。

丽娜明白过来，妈妈说得没错！她怎么就把事情想得这么美好简单呢？有人戏弄了她！这人应该就是发给她恶心照片并让她打开看的人！

丽娜越来越确信这一点。

丽娜有些惊慌，她想："约亨肯定是照片里的那个男人，他手上有我的裸照！这就是证明！"

妈妈继续说:"你知道吗,丽娜,不少人在互联网上想怎么写就怎么写!如果对方不是现实生活中了解和认识的人,真的应该避免和这样的

隐身的男子

人聊天和传短讯！"

丽娜深知，妈妈说的有理。的确，丽娜自己在网上也不够诚实，但这个所谓的约亨竟然不是真的，这一点她完全没想过！

"丽娜，"妈妈解释道，"这些人甚至会设法让孩子们给他们发自己的照片，大多数是裸照。没有人可以这么要求孩子！你该不会也发了这样的照片吧？"

丽娜非常羞愧地低下头，一时间如梗在喉。她确实把自己装扮得成熟过头了！那个男人应该还不知晓，现实生活中的她只不过是个孩子！

"我真的应该向妈妈坦白吗？这其实是我自己的错啊！"丽娜想，"我还是自愿这么做的。"

可她不想再对妈妈撒谎了。她轻轻地点了点头。妈妈见状，心里一紧，只把她搂在怀里，再一次安慰她。

丽娜有种负罪感！

妈妈开导她，无论如何，这件事也不能怪她！犯罪的唯有那个男人，他做了法律禁止的事！那个男人了解，丽娜没有勇气说不。他知道，他轻而易举就能说服她。丽娜不是自愿的！她还是个孩子，无法认清这一切！

妈妈还说，他发给她的那张照片，是被禁止传播的照片，因为非常明显地拍下了他的性器官,这类照片被称为"色情图片"。

"这类照片是不允许发给孩子的!"妈妈对丽娜补充道。

"可是妈妈,"丽娜把自己的想法一股脑儿倒出,"是我把自己往大了打扮的,他压根儿不知道我还这么小!怎么说我都有错!要是我没这样装扮,这事肯定也不会发生!真希望我从来就没这么干过!现在这个陌生男人还拿着我一张照片,而且还是裸照!希望他真的不会传给别人看。这个男人就是这么骗我的!"

"不,丽娜,尽管这样,这仍然不是你的责任!这个男人肯定已经猜到你还是个孩子,而且看到你的照片时,他已能确定这一点!虽然你把自己的妆画得像个大姑娘,衣着也是年轻人的,但身体还是孩子的样子,这一点那个男人也看出来了,所以他说不定也是通过要一张你裸照的方法,来确定你就是一个孩子。"妈妈平静地说。

这一切对丽娜来说可太费解了,她完全不能理解,到底是什么让一个老男人想和一个孩子搭上关系!或许等她长大了,她才会明白。

"妈妈真聪明!"丽娜想,"她什么都知道!"

妈妈的想法是,她们现在必须尽快告诉爸爸这件事,然后一起去警察局，警察肯定能帮到他们！他们肯定能查出这个男人的地址，只有这样才能删除他电脑里的丽娜的照片。

这个想法让丽娜略为不适，但看到爸爸妈妈这么认真地对待她的问题，还努力阻止事件恶化，她觉得很庆幸。

之后，丽娜把这一切都告诉了警察，办案人员很快就查明了这个男人的身份。他们侦查了丽娜的电脑，根据评论留下的信息顺藤摸瓜地发现了那个男人的地址。

原来这个男人很早就是警察的眼中钉了，他曾多次出现在儿童和青少年的游乐场所，妨碍和骚扰十二三岁的小姑娘，纠缠着要她们的联系方式。这很不正常。已有许多女孩的家长投诉他无理纠缠的异常行为。虽然警察禁止他出入这些场合，但这个男人根本就不遵守，到现在，警察也拿他没办法。

警察已猜到，他大概在网上这么干过，但可惜的是一直拿不到证据。

幸好有了丽娜的报案和举证，警察不仅可以就此没收他的电脑，还能逮捕他。在这个男人的住处，办案人员发现了很多女孩的大量照片，其中就有丽娜的。

很显然，被他用"17岁的约亨"这个虚假身份欺骗过的女孩，不只丽娜一个。

丽娜和许多别的孩子一样，都被迷惑了。

打那以后，丽娜对在脸书上给她传短讯的陌生人谨慎多了。如今在脸书上，她只和那些她真实生活中认识的人聊天。她不再轻信脸书上谁谁的照片，取了什么名字或者自报的那些年龄。说到底，这些可能都是假的。

隐身的男子

丽娜也不再喜欢像以往那样打扮自己,这种不符合自己年龄的假成熟只给她带来了失望和惊吓。她认识到,每段年龄都有每段年龄的美丽。

如果当初她任由事态发展(甚至还可能和这个隐身的男人见面),后果将不堪设想。

亲爱的孩子们:

√ 不要和不认识的人见面。

√ 故事里这样的秘密是糟糕的,还可能变得很危险,应该告诉家长或信赖的人。

√ 网络中认识的人很难辨清真实身份,请保持距离。

后　记

若你遇到过这样或那样的不能理解的事情，最好和你最信赖的人聊一聊。或者你只是需要，就你读到的这些小故事，和别人做个讨论。

你还记得本书开头的猜谜游戏吗？是什么职业让我能把已发生的案件完整地叙述出来，你猜到了吗？

我是一名警察。更准确地说，我是一名刑事警察。和普通警察不一样，刑事警察不穿制服。当我工作时，街上的人们根本就辨认不出我的身份。这也不错，工作时能把自己伪装起来。

很乐意在最后送给你们一些小提示，告诉你面对可疑的人时，怎样保护好你自己。

自我保护的小提示

1. "我不会轻易跟别人走。如果我决定和别人去哪里,一定会先通知家人!"

2. "如果大街上有陌生人跟我搭话,我会直接无视他,然后继续走自己的路。"

   "若这人继续骚扰我,我会大声清楚地说:"请你走开!"

   (通过这句话要让大街上的其他人注意,你并不认识这个人!)

3. "紧急情况下,为保护自己,我可以大声喊叫(如有火情或者需要帮助时),还可以用踹、咬、打等任何方式。"

4. "我不会保守坏秘密!如果有坏秘密,我会马上告诉我信赖的人!"

自我保护的小提示

5. "我的身体只属于我自己！如果有人在我不愿意的时候碰我，我可以说'不'。如果这个人继续，我甚至可以自我防卫！"

6. "我的内心要强大！我有勇气！"

7. "当我一个人独自在家时，我不给任何人开门。"

   "我如果开门，必须是家人允许进屋的人，同时开门前要确保我能通过猫眼看到他！"

8. "我知道，在哪里我能得到帮助，怎样得到帮助！"

   "我也可以向陌生人请求帮助！当我需要帮助时，我要清楚自己所处的位置。"

   "我知道紧急号码，**报警是110，火警是119**。"

作者简介

玛努爱拉·迪罗尔夫是德国未成年人保护专家，主要从事青少年受害人救助和精神治疗，并帮助德国青少年儿童预防性侵害。

1971年出生于埃特林根（德国巴登—符腾堡州），现居住在博登湖附近（德国、瑞士和奥地利之间）。

1991年成为巴登—符腾堡州的职业警察，并继1995年后开始主办该州刑事领域的案件。工作中主办过无数与性侵害相关的案件，长期和各种性侵犯罪行为的对抗实战，与性侵案的受害人和侵害人的大量接触，使得作者积累了丰富的办案经验。

作者简介

除了为受害未成年人提供创伤治疗，作者也积极致力于向未成年人推广和普及应对性侵害的预防知识，并活跃在公共机构和学校，长期以主讲公开课的方式向家长及其他监护人提供指导，如何成功保护自己的孩子免受性侵害，如何辅导孩子及救助知识等。

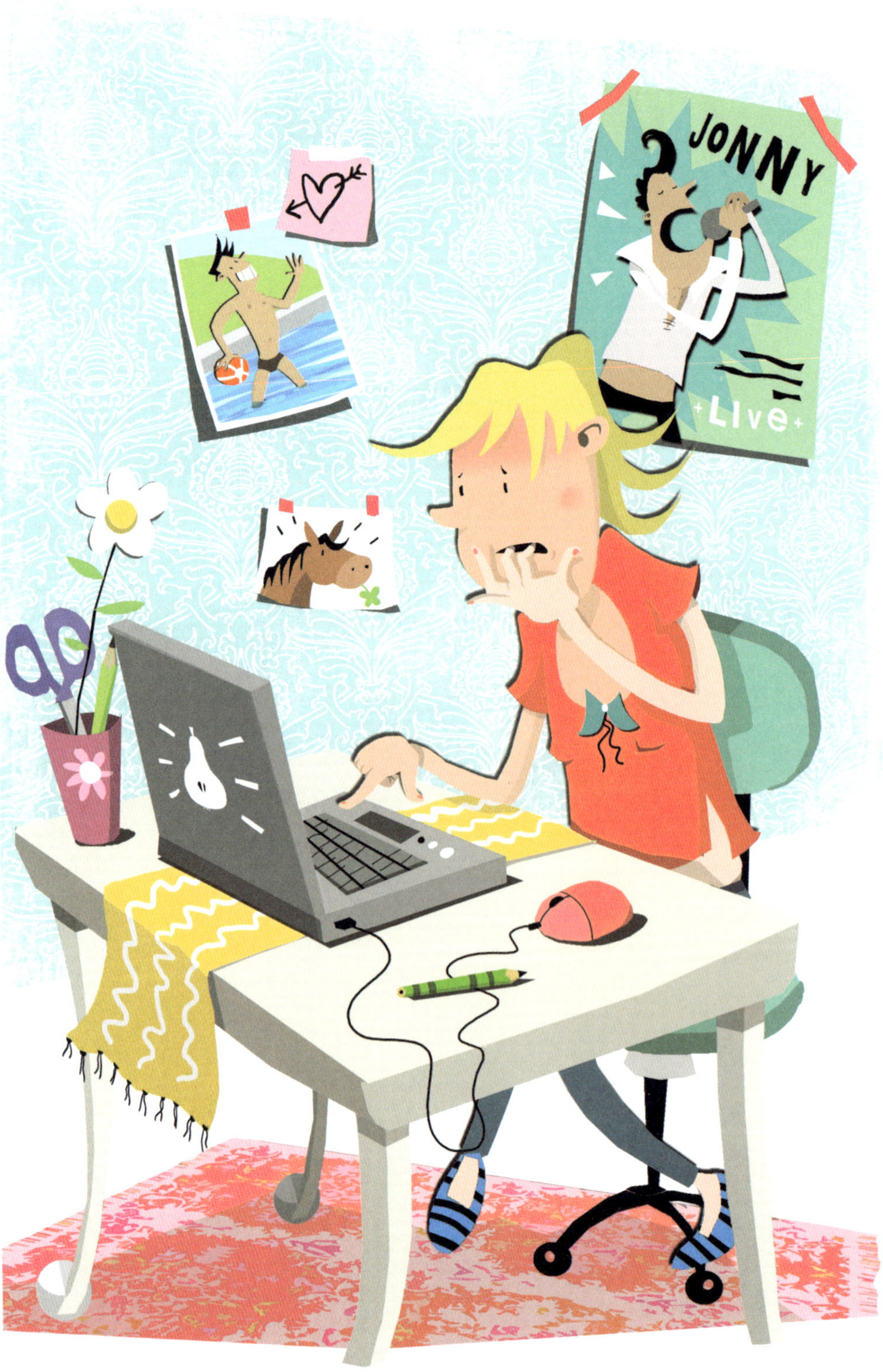
JONNY
+LIVE+